LA

VÉRITÉ SUR TAÏTI

(AFFAIRE DE LA RONCIÈRE)

Imprimerie L. Toinon et Cᵉ, à Saint-Germain.

LA
VÉRITÉ SUR TAÏTI

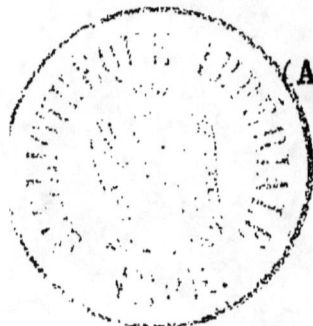

(AFFAIRE DE LA RONCIÈRE)

PAR

LOUIS JACOLLIOT

Juge impérial de Taïti

PARIS

LIBRAIRIE INTERNATIONALE

BOULEVARD MONTMARTRE, 15

—

A. LACROIX, VERBOECKOVEN. ET Cᵉ

Éditeurs à Bruxelles, à Leipzig, à Livourne

—

1869

LA

VÉRITÉ SUR TAÏTI

(AFFAIRE DE LA RONCIÈRE)

Je viens défendre M. de la Roncière, commissaire impérial à Taïti, près la reine des îles de la Société. Je viens le défendre non avec des récriminations à l'encontre de ses ennemis, ce rôle me conviendrait peu, mais avec des faits !

L'affaire semble jugée en première instance. La presse américaine a commencé l'attaque. Tous les journaux de France, à quelque opinion qu'ils appartiennent, ont continué le débat..... et l'accusé a été condamné à 6000 lieues de distance, sans avoir été entendu !

Qu'on me permette de porter la cause en appel, devant ce grand tribunal de l'opinion publique qui, malgré les arrêts officiels, n'a jamais craint de réhabiliter les victimes.

Je dirai peu de choses du procès de 1833..... Je suis chargé de l'avouer hautement en son nom, M. de la Roncière, commissaire impérial à Taïti, est bien le condamné de Saumur. Accusé de tentative de viol sur la personne de la jeune fille du général de Maurel, il est traduit en cour d'assises..... En vain il est matériellement prouvé qu'il est impossible de lancer de la rue une échelle de corde, pour parvenir aux appartements de la prétendue victime. Un vitrier-couvreur déclare impossible cette prétendue ascension de l'accusé.

En vain de nombreux témoins viennent déclarer que la jeune fille est romanesque à l'excès, romanesque jusqu'à l'invention..... On cite d'elle un fait grave : dans un récit pathétique, elle a déjà essayé de faire croire à sa mère qu'un homme s'était noyé pour elle dans le fleuve qui passe près de leur maison..... et cet individu qu'elle nomme..... n'a jamais eu même la moindre idée de se suicider.

De nombreuses lettres sont produites par l'accusation..... Ces lettres menacent Mlle de Maurel d'une tentative violente si elle ne cède pas à de la Roncière... Chose inouïe, ces lettres sont signées des initiales de l'accusé, il donne des armes contre lui... on croit à un acte de folie..... Les experts arrivent et ils déclarent, sous serment, que ces lettres ont été écrites par Mlle de Maurel.....

En vain on les tourne, on les retourne, on les presse, ils ne varient pas dans leurs déclarations.

Le drame ne peut plus se tenir, un acquittement est forcé. Chaix-d'Est-Ange l'affirme à son client... Arrive Berryer, l'avocat de la partie civile, il abandonne le terrain des preuves, pour se jeter dans les divagations de l'éloquence... Ce n'était pas assez de la parole du grand orateur : entre onze heures et minuit, sur la péroraison de son avocat, Mlle de Maurel se présente tout à coup aux jurés, vêtue de blanc, pâle, chancelante... Les preuves matérielles étaient vaincues et de la Roncière était condamné. Le lendemain lord Abinger, pair d'Angleterre, et le docteur Allemand Mattaeï protestaient par la voie de la presse contre cette inqualifiable condamnation (ce sont leurs propres expressions).

Un mot sur la parenté des plaignants! Le général de Maurel était par sa femme allié au maréchal Soult; le chef du jury fut M. Outrebon, notaire du maréchal. Je n'accuse pas la conscience du verdict rendu, mais nul ne m'empêchera de dire, à moi magistrat, qui sais à quel fil ténu et léger tiennent souvent la vérité ou l'erreur judiciaire, que le véritable jury n'existera pour nous que quand nous l'aurons soustrait aux hasards capricieux du sort, pour le livrer à l'élection populaire.

Et puis je n'ai pas le droit de soulever ce voile. De la Roncière avait peut-être un moyen suprême de prouver son innocence à la cour d'assises..... S'il est vrai qu'il a voulu se taire..... ce fut un héroïque sacrifice. Il a été solennellement réhabilité en 1849.

Plus tard, quand le gouvernement actuel, en retour de ses huit années de souffrances, voulut lui accorder quelques compensations..... son procès fut de nouveau étudié sous toutes ses faces. Chaix-d'Est-Ange interrogé avait gardé sa croyance vivace en l'innocence de son client. Berryer même fut sondé, et l'honnête homme répondit : — C'est un regret qui est en train de devenir un remords. Faut-il aller plus loin? Un ami intime du général de Maurel, un frère d'armes, qui l'a vu mourir, me disait il n'y a pas huit jours (je le nommerai si on l'exige) : Quelque temps avant sa fin, le général avait des hallucinations étranges, le drame de Saumur le tuait.....

Je causais la semaine dernière de ce procès, avec un des plus fermes et des plus loyaux champions de la jeune démocratie, M. R***; il me donna ainsi son opinion : — J'ai lu attentivement le procès de la Roncière; pour moi cet homme est innocent, mais ce que je ne saurais trop flétrir, ce sont ses coups d'État à Taïti.

Donc, je dis à mes concitoyens, je dis à toute la presse

française : Lisez les débats d'audience du procès de Saumur, publiez-les si vous le désirez, il n'est pas un de ceux qui auront lu... étudié cette triste affaire, qui ne soit persuadé de l'innocence de l'infortuné de la Roncière. Quant aux coups d'État de Taïti, j'apporte la vérité et je la signe... alors que pas un des ennemis du commissaire impérial n'a osé donner à ses accusations l'autorité de son nom.

Nommé juge impérial des établissements français de l'Océanie par décret impérial, j'arrivai à Taïti, dans les premiers jours de mars 1869. Je n'étais pas, je dois le dire, sans ressentir quelques appréhensions. Avant de quitter la France, j'avais lu quelques attaques assez violentes contre M. de la Roncière, car la croisade était déjà commencée. Aussi quand à peine débarqué, j'appris l'envoi de l'ordonnateur Boyer à l'île de Moréa, sa destitution comme président du tribunal supérieur, et celle du juge impérial Longomazino, président du tribunal de première instance, bien que ces messieurs ne dussent leur nomination qu'à M. de la Roncière et à la reine des îles de la Société, qui dès lors avaient le droit de les révoquer (la magistrature régulière n'étant pas encore organisée dans ce pays), je n'en trouvai pas moins ces façons d'agir d'une violence extrême, et mon irritation ne fit que s'accroître, lorsque j'appris de l'ordonnateur Boyer lui-même, rappelé de Moréa depuis quelques jours, qu'ils avaient été brisés, lui et le juge impérial, pour un jugement et un arrêt qu'ils avaient rendus.

Je résolus d'apporter la plus grande réserve dans mes relations avec le commissaire impérial.

Trois invitations à dîner, adressées officiellement par M. le comte de la Roncière, furent, par moi, successivement refusées sous divers prétextes, lorsqu'un jour, ayant eu à le

voir pour affaire de service, après avoir traité la question qui
m'amenait je me vis adresser, par le commissaire impérial, la
question suivante : — Si je vous demandais, monsieur, de
me dire franchement pourquoi vous repoussez mes invitations, me répondriez-vous ? — Je ne puis accepter de m'as-
seoir à votre table, M. le commissaire impérial, lui dis-je
aussitôt, parce que vous avez brisé des magistrats pour des
arrêts dont ils ne devaient compte qu'à leur conscience. — Eh
quoi! me répondit le comte de la Roncière, vous êtes déjà de
mes ennemis, et cela sans avoir étudié les pièces du débat ;
vous me condamnez sans connaître les nécessités qui m'ont
forcé d'agir, les pressions de l'opinion publique, qui m'ont
tracé mon devoir! Je vous en prie, ajouta-t-il les larmes aux
yeux, étudiez le pays, fouillez tous les actes de mon administration, faites-vous une conviction, j'accepte d'avance votre
jugement, quel qu'il puisse être.

A quoi bon? me dis-je en sortant; M. le commissaire impérial
est rappelé, donc le ministre de la marine *toutes pièces en main,
sans doute*, a déjà jugé le débat.

Cependant je dois le dire: nous attendions le remplaçant intérimaire de M. de la Roncière, et la conduite de l'ordonnateur Boyer, qui devait reprendre ses fonctions à l'arrivée du
nouveau gouverneur, ne me paraissait point des plus dignes.
Constamment en courses, il racolait tous les mécontents, les
recevait mystérieusement chez lui, leur faisait signer des péti-
tions contre le commissaire impérial ; pas un boutiquier, débi-
tant de liqueurs et autres, atteint par une contravention, dont
on n'allât surprendre la signature dans le premier moment de
la colère.

Puis il y avait le parti de ceux qui ne sont jamais assez
repus, de ceux qui demandent encore et toujours, que Boyer

avait su attirer à lui par ses promesses. Toutes les places de Taïti étaient partagées d'avance. Inutile de dire qu'on devait destituer ceux qui les possédaient, pour les punir de leur dévouement au commissaire impérial tombé.

Tout cela contribuait à me donner peu à peu des soupçons, lorsque deux faits graves, au point de vue de la moralité, vinrent me commander impérieusement d'étudier le pays et les événements qui s'y étaient passés avant mon arrivée.

Voici ces faits : je les avance sous ma responsabilité personnelle.

Un matin, me trouvant dans mon cabinet au tribunal, comme je parcourais le registre affecté à l'inscription des formalités relatives aux tutelles, je m'aperçus que le tuteur des mineurs Gibson n'avait point fait procéder à l'inventaire voulu par la loi. Je fis appeler le greffier en chef et lui en exprimai mon mécontentement. Quelle ne fut pas ma stupeur quand j'appris du greffier lui-même que cet inventaire avait été commencé, puis arrêté par les efforts de Boyer auprès du tuteur, M. Burns, et du conseil de famille, pour empêcher qu'on ne constatât judiciairement, dans les papiers du défunt, une dette importante d'un de ses amis, fonctionnaire de l'ordre administratif, renvoyé de la colonie par M. de la Roncière.

Le second fait est plus grave :

A la troisième audience civile que j'eus à présider, l'huissier de service appela première venante pour être plaidée, une affaire : femme Vahineheau contre Longomazino, contre l'ancien juge impérial destitué par M. de la Roncière.

Depuis près de six mois ce procès passionnait l'opinion publique. Les juges locaux, sachant qu'une magistrature régulière arrivait de France, avaient refusé de le juger.

La veille de cette audience l'ordonnateur Boyer vient chez

moi. Il était trop habile pour me parler du procès, mais il me fit un éloge pompeux du sieur Longomazino son ami, et je compris que c'était une semence qu'il venait jeter dans mon esprit, et qu'il désirait voir fructifier pour le procès du lendemain.

A l'audience, les faits suivants vinrent se dérouler devant nous.

En 1866, Longomazino, nommé juge impérial par M. de la Roncière, reçut également de la reine des îles de la Société la présidence de la cour indigène. Désirant se faire édifier un hôtel en rapport avec ses nouvelles fonctions, il jette son dévolu sur le seul terrain du quai près de la mer qui ne fût pas encore bâti. Ce terrain appartenait par indivis à toute une famille de Taïtiens indigènes, et, malgré les offres brillantes faites par plusieurs Européens, on n'avait jusqu'à ce jour consenti à le vendre à aucun prix. Longomazino fait à son tour des propositions qui sont repoussées...

Chose incroyable, moins de quinze jours après une femme Vahineheau, mineure alors, co-propriétaire de ce terrain, vient, dans un procès contre sa famille, réclamer la propriété exclusive de ce terrain; la mère, les oncles, les tantes, une de ses sœurs, sont à l'audience, ils s'opposent à ces absurdes prétentions..., rien n'y fait... Le juge impérial Longomazino adjuge séance tenante la propriété de ce terrain à la fille mineure Vahineheau, malgré les protestations de toute sa famille!

Les spoliés voulurent se plaindre... Le juge étouffa tout avec la police. Il est au dossier une pièce curieuse. M. Bonnet, directeur des affaires indigènes, ami de Longomazino, conclut dans un rapport à la déportation de la mère de la mineure Vahineheau, parce que, dit ce rapport, elle s'oppose à l'exécution des arrêts de la justice...

On eut raison de cette mère qui avait vu adjuger son propre bien à sa fille, en la déportant sur une île voisine.

Un mois après cet audacieux jugement, le juge impérial Longomazino achetait dans son cabinet, au tribunal, ce même terrain de la femme Vahineheau dans les circonstances suivantes... Cette femme, que toute sa famille prétendait mineure, avait été pourvue par M. Bonnet, chargé de ce service au bureau indigène, d'un acte de notoriété *sans témoins,* la déclarant majeure.

L'acte de vente fut rédigé dans le cabinet du juge impérial, par l'interprète judiciaire de ce dernier, M. Orsmond, en présence de l'ami de Longomazino, M. Bonnet. Que venait faire ici le directeur des affaires indigènes qui, comme chacun le sait à Taïti, est une autorité terriblement respectée par le natif?

La femme Vahineheau ne sachant signer, l'interprète du juge, le sieur Orsmond, lui tient la main, lui fait tracer son nom, M. Bonnet signe à l'acte, et la vente est accomplie, et un terrain valant haut la main huit à dix mille francs dans le pays est acheté pour deux mille.

Cet acte de vente, tramé dans l'ombre contrairement à la loi, n'est pas rédigé en double..... et la femme Vahineheau quitte le palais de justice sans emporter une copie de son acte.

A peine cette vente est-elle connue, que la famille entière proteste à nouveau. Vahineheau elle-même soutient qu'elle a été trompée, menacée même.....

Le scandale s'accentue au dehors..... il faut la police pour chasser les pauvres gens de leur terrain, Longomazino emploie la police..... fait rendre par son tribunal deux jugements d'envoi en possession, jugements rendus par défaut contre

Vahineheau,..... et enfin l'hôtel du juge impérial peut se bâtir sur ce terrain.

La femme Vahineheau, assistée de sa mère, de ses parents frustrés..... intenta alors à Longomazino une action en nullité de vente pour menaces, dol et manœuvres frauduleuses..... Tous les faits que nous venons de raconter vinrent s'étayer des preuves les plus convaincantes..... Ce fut une scandaleuse audience, et je rendis, comme président du tribunal, conclusions conformes du procureur impérial, chef du service judiciaire, un jugement qui annulait cette vente.

La décision à peine connue, l'ordonnateur Boyer se rendit chez le procureur impérial son compatriote, son camarade d'enfance, pour lui faire des observations, il osa même le lendemain en hasarder quelques-unes avec moi. Et j'appris bientôt qu'au dehors il prenait la défense de son ami Longomazino avec acharnement. Je m'en étonnai d'abord..... je compris bientôt. Ce jugement portait une bien rude atteinte à la moralité de l'ancien juge impérial ; et les indifférents eux-mêmes, ceux qui n'avaient pris parti ni pour le gouverneur, ni pour l'ordonnateur dans les luttes du passé, commençaient à dire : — Boyer et Longomazino ont été brisés dans leurs positions de juges, pour des jugements et des arrêts rendus par eux ; M. de la Roncière peut bien n'avoir pas eu tort, si les actes judiciaires de ces messieurs ressemblent aux scandaleux débats auxquels nous venons d'assister.

Voilà les deux faits que le hasard me livra à l'encontre de Boyer et de Longomazino, les deux chefs de cette coalition restreinte, mais écoutée à Paris, sous le coup de laquelle a succombé M. de la Roncière, comme gouverneur de Taïti.

A cette heure je compris qu'il était de mon devoir d'arriver à la vérité.

Avant de commencer mon enquête, j'écoutai ma conscience :
je n'avais ni haine ni amitié pour personne, et par conséquent
pas d'entraînement involontaire à subir. Je me dis que je devais
être fatalement impartial, et je me mis au travail.

J'affirme sur l'honneur l'exactitude des faits que je vais
raconter, la plupart du reste sont étayés par des pièces et des
documents.

Depuis un mois et demi, j'ai fait l'impossible pour faire
rendre justice à M. de la Roncière par les voies hiérarchiques,
je me suis brisé contre un parti pris..... J'ai voulu arriver à
l'Empereur, on m'a dit au ministère que je provoquais ma
destitution, et qu'on n'hésiterait pas à la demander..... Eh bien!
voyons donc si la vérité ne remontera pas jusqu'en haut, sou-
tenue par l'opinion publique.

Me voici arrivé au cœur de mon sujet; divisons pour être
plus clair.

1º Quelles sont les causes des inimitiés qui, en France et
en Océanie, s'attaquent à M. de la Roncière?

2º Quels sont comme gouverneur les résultats de l'administration de M. de la Roncière à Taïti?

3º Comment s'est engagée la lutte entre le gouverneur et
l'ordonnateur? — La plantation de Soarès d'Atimaouo, — ses
procès, — révocation des juges, envoi de l'ordonnateur Boyer
à Moréa, — conduite du ministère dans cette affaire.

4º Événements finals de la lutte.

5º L'exécution du Chinois d'Atimaouo.

1º Quelles sont les causes des inimitiés qui, en France et
en Océanie, s'attaquent à M. de la Roncière?

M. de la Roncière est un esprit large, profondément libéral,
ennemi de la routine, des vieux errements administratifs, et

dont la préoccupation constante a été de laisser se développer librement l'initiative individuelle. C'est le dernier des gouverneurs que notre presse démocratique eût dû attaquer..... et qu'elle n'eût pas attaqué si elle l'eût mieux connu.

Nous verrons bientôt ses actes prouver mieux ses intentions que nos paroles ne pourraient le faire. Ses idées, exprimées avec une rude franchise, et mises en pratique, ont valu à M. de la Roncière les haines vigoureuses de tout ce qui porte plume, et, sous prétexte de colonisation, passe sa vie à noircir des imprimés, et à préparer des arrêtés qui doivent être exécutés à trois, quatre et six mille lieues de distance..... M. de la Roncière ne s'est jamais gêné pour leur dire : Vous n'entendez rien à votre besogne, et c'est pitié que de vous voir, du quatrième étage du ministère de la marine, diriger des colonies où vous n'avez jamais mis les pieds, et des gens dont vous ne connaissez même pas la couleur de la peau. Vos arrêtés sont inexécutables, n'attendez pas de moi que je les applique.

Un jour M. de la Roncière commandait à St-Pierre et Miquelon : le Prince voyageur vient à passer par là; il lui fait toucher du doigt toutes les mesquineries, toutes les petitesses d'esprit de cette administration. Le Prince s'en retourne frappé et raconte tout à l'Empereur, qui, paraît-il, fait à son tour des observations..... Grande colère, grand émoi parmi les membres de la gent emplumée, grosses rancunes amassées, tout cela se paiera plus tard.

Je le dis franchement, et c'est l'opinion de tous les gens désintéressés qui ont habité les colonies : l'administration du commissariat colonial de la marine épuise, abâtardit ces contrées. Je n'ai pas le loisir de traiter cette question. Un petit fait cependant pour démontrer à quelle puérilité de réglementation les services coloniaux sont soumis.

J'ai connu, dans un petit établissement, un garde du génie, qui était chargé du service des ponts et chaussées. A lui seul il était — chef du service des ponts et chaussées, — surveillant général des travaux, — piqueur des travaux sur les chantiers, — magasinier — et chef de la comptabilité.

Un jour que je riais avec lui de ce fractionnement de sa personne :— Ah! monsieur, me dit-il, si vous saviez à quel rude travail cela m'oblige. Exemple : — comme piqueur j'ai besoin d'une livre de clous. Je prends une feuille de papier numérotée et je commence : — *A M. le surveillant général des travaux. Le piqueur de telle section a l'honneur de vous prévenir qu'il a besoin d'une livre de clous pour*, etc. Je prends une seconde feuille de papier, et j'écris alors comme surveillant général des travaux : *J'ai l'honneur d'adresser à M. le chef du service des ponts et chaussées la demande du piqueur de*, etc..... Je prends une troisième feuille de papier, toujours numérotée, et j'écris : *approuvée la demande du piqueur de la station de... transmise par*, etc..... Je prends une quatrième feuille de papier et écrivant comme surveillant général.....: *M. le piqueur de la section de... J'ai l'honneur de vous retourner votre demande approuvée par le chef de service.* Je prends une cinquième feuille et j'écris encore : *Prière à M. le magasinier de vouloir bien me faire délivrer une livre de clous, suivant ma demande approuvée par..... à la date du.....*

Vous croyez que c'est fini, attendez encore : Je prends une sixième feuille de papier..... et j'écris comme magasinier...: *Monsieur le chef de comptabilité des travaux, je viens de délivrer, sur la demande approuvée du piqueur de telle section*, etc... Je prends une septième feuille de papier... Arrêtez, lui dis-je vous allez épuiser toute votre provision... Je ne plaisante pas, me dit le pauvre homme en soupirant... le soir, quand mon travail est fini sur les chantiers, je suis encore obligé de rédiger tout cela en triple expédition. J'ai passé deux heures à rédiger et à recopier tout cela, ma livre de clous vaut bien trois sous, en tarifant mon temps à 50 centimes l'heure comme un ouvrier, il se trouve que j'ai perdu, à écrire, plus de six fois la valeur de ma livre de clous sans compter le papier.....

Il n'est pas un de ceux, parmi les inventeurs de ces petites réglementations, qui ne soit aujourd'hui l'ennemi de M. de la Roncière, et ils sont forts par le nombre, car eux aussi ils se nomment *légion*.

Dès les premiers jours de son arrivée en Océanie, M. de la Roncière eut à s'occuper d'une bien triste affaire, dont la solution énergique devait lui attirer sur les bras tout le parti clérical. Cédons la parole aux événements. Messieurs de Picpus, missionnaires de la religion catholique, se sont, il y a quelque trente ans, implantés aux Gambiers, petites îles situées au sud-est de Taïti, à quelque quinze jours de mer. Après avoir converti tous les naturels de ces îles qui comptent à peine deux mille habitants, ils ont implanté là un gouvernement théocratique qui dépasse tout ce que l'imagination peut concevoir de plus attentatoire à la dignité humaine. Non contents de cela, ils ont fait comme leurs confrères de l'Inde et de la Chine qui, pour la plus grande gloire de Dieu, se sont établis banquiers, spéculateurs sur les riz, marchands de soie et de coton, et rachètent dans les « Annales de la Propagation de la foi » de pauvres petits Chinois qui n'ont jamais été à vendre. Messieurs de Picpus, aux Gambiers, ont monopolisé entre leurs mains la pêche de la perle et de la nacre. Tous les naturels sont obligés de pêcher pour eux; moyennant cela, on les nourrit et on les habille.

Il y a quelques années, un M. Pignon, sa femme et son

neveu le sieur Dupuis, partirent de Taïti pour aller aux Gambiers, faire le commerce de la nacre.

On les laissa s'établir, ils firent bientôt une rude concurrence aux révérends pères. Les indigènes cachaient le plus qu'ils pouvaient de perles et de nacres pour aller les vendre à la maison Pignon. La mission voyait diminuer ses bénéfices ; le révérend père supérieur Laval prit un parti héroïque : à la tête d'une cinquantaine d'agents de police qu'il a dressés lui-même pour les besoins de son gouvernement, il arrête Pignon, sa femme, le neveu Dupuis, et les enferme dans un cachot, puis détruit les constructions, les magasins de ces pauvres gens.

Le lendemain la réflexion vint. Pignon criait bien fort dans son cachot qu'il irait demander justice à l'Empereur..... c'était grave, comment faire ?.... Dans l'enquête solennelle qui a eu lieu sur ces faits, des tentatives d'empoisonnement pour se débarrasser du sieur Pignon ont été prouvées jusqu'à l'évidence..... Un chien à qui Pignon donna des poissons qu'on lui servait dans sa prison, et qui lui paraissaient suspects, mourut en quelques secondes.

Tout cela s'est accompli sous le pavillon français, que les missionnaires ont arboré aux Gambiers en vertu d'une acte de protectorat que nous n'exécutons pas.

Embarrassé de ses prisonniers, le révérend père Laval finit par chasser Pignon et sa femme de l'île, en retenant le sieur Dupuis.

Pignon arrive à Taïti demander justice. M. de la Richerie, le commissaire impérial d'alors, avait déjà ouvert l'enquête, quand arriva son successeur, M. de la Roncière.

Le nouveau commandant, révolté par de tels actes, monte sur un navire avec un nombreux personnel de magistrats et officiers, et va lui-même faire l'enquête aux Gambiers. Le

rapport qui en fut le résultat est navrant à lire. Le représen-
tant de la France put non-seulement reconnaître que les
atrocités dont Pignon se plaignait avaient été réellement
exercées sur lui et sa famille, mais encore il constata l'état
d'abrutissement dans lequel les missionnaires ont plongé les
habitants de ce petit groupe d'îles. Ainsi :

1° Tout récalcitrant au joug de fer de la mission finissait
par disparaître ;

2° Le chef Kerkorio était mort huit jours après avoir réclamé
de la mission différentes sommes qui lui étaient dues ;

3° L'héritier du chef qui avait conservé son lambeau d'autorité sur les îles, autorité dont les missionnaires savaient habilement se servir, ayant montré quelques velléités d'indépen-
dance..... le Seigneur le rappela à lui ;

4° En chaire, le père Laval menaçait d'une mort prompte
ceux qui n'obéiraient pas à ses ordres ;

5° Les deux mille habitants des îles ne sont que des coolies,
des esclaves occupés à la pêche qui engraisse la mission ;

6° Toutes les jeunes filles non mariées sont enfermées le soir
dans des bâtiments gardés par des agents de police, afin, dit
le code draconien du père Laval, qu'elles ne puissent se livrer
au péché impudique ;

7° La veille de certaines grandes fêtes, on parque également
les femmes mariées pour empêcher toute accointance
avec leur mari ;

8° *Une centaine de prisons* sont employées pour cela ;

9° Tout individu soupçonné de propositions déshonnêtes
est condamné de trois à six mois de prison.

Au moment où M. de la Roncière arriva aux Gambiers,
Dupuis, le neveu de Pignon, subissait trois mois de prison pour
soupçon d'adultère, bien que, dit le jugement rendu par le père

Laval, *il soit à peu près certain que l'adultère n'ait pas été commis.*

Un jour, des naufragés d'un navire chilien arrivent aux Gambiers dans une embarcation. Arrière! leur dit le père Laval, vous venez souiller ces lieux tranquilles..— Nous sommes de pauvres naufragés. — Arrière! — Nous sommes exténués de fatigue. —Arrière! On ne les laissa pas débarquer, et les malheureux furent obligés de faire encore vingt jours de mer pour arriver à Taïti. Plainte fut déposée par le capitaine, les officiers et les matelots au commissaire impérial. Je possède une copie certifiée de toutes leurs déclarations.

Je m'arrête dans la nomenclature de ces atrocités..... Voilà ce que le parfum de Rome développé librement aux Gambiers, à six mille lieues de l'Europe, peut produire.

Après deux années d'enquêtes, d'auditions, de témoins et de luttes énergiques, M. le commissaire impérial de la Roncière obtint du ministère de la marine une décision qui obligeait le pieux et saint gouvernement des îles Gambiers à payer cent quarante mille francs d'indemnité au malheureux Pignon et à sa famille.

Il faut lire la lettre que le père Laval a écrite à ce sujet au supérieur-général de la mission des Picpus à Paris, et quelles larmes il verse sur cet argent qu'il est obligé de débourser.

Pendant tout le temps que nécessita la solution de cette affaire, le père Laval, l'évêque de Taïti envoyaient au supérieur général de Picpus, qui les transmettait au Ministre, les accusations les plus odieuses contre les magistrats et officiers occupés à instruire cette affaire : tantôt on les accusait de vol, tantôt on les accusait d'avoir tenté de forcer un couvent de religieuses..... Si vous vouliez, mes bons pères, vous défendre par la voie de la presse de ce dont je vous accuse, vous me

feriez vraiment plaisir, mais comme il ne faut pas vous prendre en traître, il est bon de vous avertir que je possède des
copies certifiées — de toutes les enquêtes, de toutes les dé-
positions de témoins, de tous les rapports, de toutes les dépêches relatifs à cette affaire.

Je possède aussi des copies certifiées des lettres du père
Laval et de l'évêque de Taïti, accusant, calomniant les officiers, et des dénonciations qu'ensuite de ces lettres le supérieur général de Picpus adressait au Ministre.

Toutes ces lettres, toutes ces accusations étaient renvoyées
à Taïti, pour que les inculpés pussent y répondre. C'est ainsi
que M. de la Roncière a pu m'en faire délivrer des copies
pour servir à sa défense. Autre recommandation qui a bien
son prix, vu certains précédents..... Inutile de chercher à les
surprendre, toutes ces copies sont déposées entre les mains
sûres d'un député de mes amis, M. de Kératry.

Je soutiens que pas un gouverneur de colonies, et j'en ai
déjà connu quelques-uns, n'aurait eu le courage de poursuivre
la réparation des outrages faits au malheureux Pignon, et de
se mettre ainsi à dos tout le parti clérical si puissant dans ces
contrées lointaines.

M. de la Roncière l'a fait avec une infatigable énergie, et
il a fini par obtenir gain de cause. Il a joué là sa position
pour un pauvre Français inconnu, perdu au milieu des îles de
l'Océanie, et, disons-le à sa louange, M. de la Roncière est
sans fortune.

Ainsi, haines administratives d'un côté, haines cléricales
de l'autre..... c'est plus qu'il n'en faut pour faire tomber un
homme..... et nous allons voir bientôt comment M. de la Roncière est tombé.

Mais d'abord réhabilitons-le comme administrateur, et ce

ne sera que justice, car c'est le seul que nous ayons encore
rencontré recherchant le progrès par la liberté et l'initiative
individuelle.

Quels sont les résultats de l'administration de M. de la
Roncière à Taïti ?

1° La douane et les octrois ont été supprimés.

2° Le port a été déclaré port franc : pas de distinction de
pavillon, protection pour tous.

3° Taïti n'avait pas une seule route carrossable : M. de la
Roncière a rallié, par des routes, tous les villages de l'île à la
capitale Papeete, et il faut savoir ce qu'ont coûté d'énergie et
de persévérance ces travaux dont près des deux tiers ont été
accomplis dans le roc vif.

4° L'île de Taïti est couverte de rivières, de cours d'eau,
de torrents, peu de pays sont plus arrosés, je crois. Tous ces
cours d'eau étaient à peu près impraticables pendant la
saison des pluies : M. de la Roncière a fait édifier plus de *cent
vingt* ponts et ponceaux, ce qui permet aujourd'hui de voyager
dans l'île, en tout temps et sans danger.

5° Les habitants prétendaient que l'impôt était mal ré-
parti, qu'il y avait d'autres abus..... M. de la Roncière réunit
les contribuables et leur dit : « Une somme de *tant* est nécessaire à notre budget, votez vous-mêmes la répartition de
l'impôt proportionnellement à votre commerce, votre fortune,
vos revenus. » Les habitants se sont mis d'accord entre eux,
ont voté : et l'impôt proportionnel que les économistes procla-
ment une chimère fonctionne et prospère à Taïti.

6° Avant M. de la Roncière, Taïti ne savait pas ce que c'était
que la culture du coton et du café qui réussissent si bien dans
cette île enchanteresse : grâce à la protection éclairée, libérale
du commissaire impérial, de nombreuses plantations se sont

fondées dans l'île dont une seule, entre autres, la plantation d'Atimaouo, emploie près de trois mille travailleurs.

7° Tous les planteurs de coton vinrent un jour trouver M. de la Roncière et lui dirent : « Monsieur le commissaire impérial, la grande plantation d'Atimaouo produit suffisamment pour permettre au gérant d'avoir des navires à l'effet de transporter son coton sur les marchés de la Nouvelle-Zélande ou d'Australie, mais nous ne produisons pas individuellement assez pour pouvoir agir de la même manière, et nous sommes réduits à vendre nos cotons au rabais aux négociants de Taïti. » Et M. de la Roncière d'y remédier immédiatement par la création d'une banque dite Caisse agricole qui achète tous les cotons des petits planteurs, au cours des places de la Nouvelle-Zélande.

8° Les habitants ont demandé à discuter eux-mêmes l'emploi des impôts. « Puisque vous payez, il n'est que juste que vous connaissiez l'emploi de votre argent, » répond M. de la Roncière, et de concert avec la reine, sans laquelle aucun arrêté ne peut avoir force de loi, il organise un conseil général sérieux, votant l'emploi des impôts.

9° Enfin M. de la Roncière dépense par an 60,000 francs, juste le cinquième de son budget, pour l'instruction gratuite des enfants des colons et des indigènes ; aussi ne trouveriez-vous pas dans toute l'île un enfant de dix ans qui ne sache lire et écrire.

Tout ceci a été accompli en moins de cinq années d'administration. Fouillez toutes les annales des colonies, vous ne trouverez pas un gouverneur qui ait osé marcher aussi franchement dans la voie du progrès, par le développement des idées démocratiques.

Quelle est donc la nation, la colonie, le village, même en

Amérique, qui consacre le cinquième de son budget à l'éducation populaire ?

Ainsi la douane et les octrois abolis — le port déclaré franc — Taïti sillonné de routes — toutes ses rivières et torrents garnis de ponts — l'impôt proportionnel voté par les colons — l'agriculture créée — l'établissement de la Caisse agricole, pour que les petits colons, ne soient pas dévorés par les gros — l'établissement d'un Conseil général discutant ses intérêts, et votant ses dépenses en toute liberté — le cinquième du budget consacré à l'instruction. Voilà le bilan de l'administration de M. de la Roncière.

Il y a beaucoup de gens qui n'en désireraient pas plus en France, *savez-vous !*

En apprenant la plupart de ces réformes qui cependant n'étaient encore qu'à demi accomplies, le 31 mai 1866, le *Journal des Colons*, organe démocratique, souvent suspendu, des colons d'Algérie, s'écriait : « Les Français de Taïti ont dû être » tout aussi étonnés que nous le serions nous-mêmes d'un pa- » reil changement de système : et ici comme là-bas il se trou- » verait bien quelques individus qui auraient peur de la liberté » qu'on leur rendrait, qui réclameraient les lisières auxquelles » ils sont habitués. »

Et il termine :

« Nous faisons des vœux pour que l'esprit qui anime M. de » la Roncière se répande et arrive jusqu'à nous. Qui sait! c'est » peut-être de Taïti que viendra la réalisation de nos désirs! »

Ces réformes, on le conçoit, n'ont pu s'opérer sans briser en visière avec toutes les saintes règles de l'administration et avec leurs inventeurs, et les haines de faire la boule de neige en attendant le moment d'agir.

Proh pudor! Un gouverneur français qui démocratise une

colonie, qui est le premier à inviter les habitants à s'occuper de leurs affaires, qui refuse d'appliquer les vieux règlements, ces colonnes de la bureaucratie !... La bureaucratie lui prouvera qu'elle doit avoir toujours le dernier mot...

M. de la Roncière a conservé un amer souvenir de son passé; aussi, craignant toujours de se tromper, s'était-il rendu accessible, sans demande d'audience, au fonctionnaire le plus élevé de la colonie, comme aux plus pauvres des ouvriers et colons du pays.

Assis dans son cabinet, au rez-de-chaussée de son hôtel, seul, sans secrétaire particulier, sans valet introducteur, sans factionnaire vous barrant le passage, dès huit heures du matin il recevait avec une simplicité tout américaine tous ceux qui se présentaient, dans l'ordre de leur arrivée... Et voici comment cela se passait. Quelqu'un frappait : « Entrez! » disait M. de la Roncière.

« Qui êtes-vous? que me voulez-vous?—Mon commandant, répondait par exemple un soldat, vu l'insuffisance de notre nourriture dans un pays où les vivres frais sont si rares, vous avez ordonné la création d'un potager pour la troupe. — Je le sais : eh bien ! est-ce que vous n'êtes pas content de cette mesure? — Pardonnez-moi, commandant. — Que désirez-vous alors ? — Je suis envoyé par les camarades pour vous dire que les légumes que nous cultivons prennent une autre direction que celle de notre marmite. — C'est bien, répondait M. de la Roncière, je vais prendre des mesures pour inculquer à ces légumes vagabonds l'amour de la ligne droite (historique). » Les légumes reprenaient, en effet, leur direction légale... mais que de petites haines, que d'esprits prêts pour toutes les dénonciations anonymes !...

Une autre fois, c'était un ouvrier, un petit cultivateur, qui venait se plaindre d'un acte abusif commis à son égard... tout était enregistré par M. de la Roncière lui-même, et si le plaignant avait raison, justice lui était rendue dans les vingt-quatre heures.

Ou bien encore c'était un fournisseur de l'administration qui se plaignait de n'avoir pu obtenir, depuis six mois, un mandat de ce qui lui était dû, et il se retirait emportant lui-même l'ordre formel de délivrer ce mandat sur l'heure.

Le fonctionnarisme était aux abois, M. de la Roncière avait réduit ses membres à n'être que ce qu'ils devraient être partout, *les commis salariés du pays.*

Je crois vidée la question des actes administratifs de M. de la Roncière ; ses ennemis du ministère et d'ailleurs n'osent pas en contester la valeur, et M. le ministre de la marine lui-même me disait le 20 août dernier : —Nous savons que M. de la Roncière a fait beaucoup de bien là-bas.

Nous allons voir se dérouler maintenant les événements qui ont amené la chute de M. de la Roncière. Nous signalerons sans crainte, avec l'énergie de la vérité, toutes les lâchetés administratives dont la personne de ce vieillard a été l'objet, toutes les dénonciations dont son gouvernement a été le but, et tant pis pour ceux qui, après avoir joué un rôle dans ces tristes affaires, n'ont pas craint d'inonder l'Amérique et la France de leurs factums anonymes.

3° Comment s'est engagée la lutte entre le gouvernement et l'ordonnateur? etc.

Les causes apparentes du rappel de M. de la Roncière sont d'après le Ministère lui-même :

1° La révocation des sieurs Boyer et Longomazino comme magistrats pour des jugements et arrêts rendus.

2° L'envoi du sieur Boyer en exil à l'île de Moréa.

3° Le départ de Taïti de M. de la Roncière pour aller visiter les îles Sous-le-Vent, à un moment où l'on craignait une révolte des travailleurs chinois de la plantation d'Atimaouo.

La cause cachée du rappel de M. de la Roncière ne peut s'expliquer autrement que par l'union des haines cléricales et administratives, auxquelles vinrent en dernier lieu se joindre quelques haines d'officiers de marine.

Laissons parler les événements :

Les trois premières années de l'administration de M. de la Roncière sont tranquilles ; chacun sait que M. de Chasseloup-Laubat le protége ou tout au moins ne le laissera pas succomber sans l'entendre : le moment n'est pas favorable, il vaut mieux se taire et attendre.

M. de Chasseloup-Laubat disparaît pour faire place à M. Rigault de Genouilly : immédiatement la lutte commence ; tout devient arme et prétexte... l'insubordination est à l'ordre du jour. Sachons être habiles, et on n'osera jamais soutenir le condamné de 1833 ; c'est la consigne : ils ont été habiles... ils ont su envoyer de petites dénonciations dans ce style administratif qui fait le triomphe de celui qui sait le manier.... Et les insubordonnés ont eu gain de cause, sans qu'aucune enquête ait été faite, sans qu'aucune preuve de leurs allégations ait été ordonnée, sans que le principe d'autorité représenté par M. le commissaire impérial ait été admis à se défendre.

Je ne saurais trop le répéter, si M. de la Roncière ne succombe point à cause de son administration franchement libérale et démocratique, administration qui avait fait bénir le nom de l'Empereur sur les rivages reculés de l'Océanie : il ne reste que deux motifs en présence :

1° Ou il succombe sous des haines administratives et cléricales qui sont parvenues à tromper le ministre ;

2° Ou il succombe pour ses actes de sévérité contre Longomazino et Boyer, actes de sévérité que le ministère n'avait pas
encore pu apprécier à leur valeur, car je le défie de montrer
une seule pièce sérieuse, une seule pièce qui ne soit pas une
dénonciation sous le manteau, à la date du brusque rappel de
M. de la Roncière.

Voici les faits dans leur stricte et judiciaire vérité :

Longomazino et Boyer ont été brisés pour des jugements et
arrêts qu'ils ont rendus.

Il s'agit d'examiner :

1° Si M. de la Roncière était dans son droit légal...

2° Si ces messieurs avaient mérité leur destitution.

Quand on parle de gouverneurs de colonies, le droit légal
ne se discute pas. Ils ont entre les mains une autorité sans
bornes, sans limites, sans contrôle sérieux; ils peuvent, sur un
simple soupçon, chasser du territoire français tous ceux qui
leur portent ombrage, tous ceux qui les gênent; une simple
dépêche au ministère dans laquelle on affirme que l'exilé était
un danger pour la colonie, et tout est dit. Nulle garantie
dans ces pays lointains pour la liberté individuelle ou com-
merciale; malheur à qui résiste, malheur à qui fait des observations ! Fonctionnaire, on vous expédie à la disposition du
ministre; colon, on vous poursuit, on vous tracasse, jusqu'à ce
que vous vous amendiez ou que vous quittiez le pays. Ce serait
une sombre histoire que celle de tous les abus que j'ai vu
commettre. Donc pas de bornes légales à l'autorité des gouverneurs de colonies.

Est-ce M. de la Roncière qui a créé ce pouvoir discrétion-
naire, et le ministre serait-il bien venu à lui en contester
l'exercice ?...

Mais, me dira-t-on, si M. de la Roncière était animé de

l'esprit libéral et démocratique que vous lui prêtez, il n'aurait dû au moins se servir qu'à titre d'exception, et seulement dans un cas grave, de cette autorité si peu d'accord avec ses idées!

Je répondrai d'abord que Longomazino et Boyer n'étaient magistrats que par la grâce et la nomination de M. de la Roncière, qu'à cette époque la magistrature de Taïti était un corps purement local qui se recrutait parmi les fonctionnaires, et que le gouverneur, chef suprême de l'administration judiciaire, restait toujours le maître de confier les fonctions de juge aux plus dignes, aux plus instruits. Il ne s'agit donc plus que de savoir si MM. Boyer et Longomazino ont mérité leur destitution.

Nous avons dit que les ennemis de M. de la Roncière avaient commencé une lutte sourde de délations et de calomnies. Un procès de la plantation d'Atimaouo, compagnie Soarès de Londres, tristement célèbre par son dénoûment judiciaire, réunit toutes les haines et les fit éclater au grand jour.

Et d'abord qu'est-ce que c'est que la plantation d'Atimaouo ?

Sur la fin de l'administration de M. de la Richerie, prédécesseur de M. de la Roncière, un Anglais voyageur, M. William Steward, passait à Taïti. Séduit par la beauté des sites et du climat, par l'abondance des cours d'eau, il conçoit la pensée d'établir dans cette île une de ces immenses plantations de coton que ses compatriotes ont le talent de fonder dans toutes les parties du monde que l'or intelligemment employé peut féconder. Il retourne à Londres, et fait part de ses projets à un de ses amis, M. Auguste Soarès, qui, avec la compréhension vive que les Anglais ont en affaire, met immédiatement quelques millions à sa disposition pour l'exploitation de son idée.

En arrivant à Taïti, M. de la Roncière comprend que la fondation de cette immense plantation de coton doit être l'avenir agricole du pays : d'autres suivront cette voie, l'émulation développera toutes les richesses de ce sol si fertile, qui ne demande qu'à recevoir une graine dans son sein, pour vous la rendre au centuple. Habilement secondé dans cette idée par la reine des îles de la Société, le commissaire impérial accorde à la grande plantation qui se fonde toutes les libertés et facilités que le colon d'ordinaire ne rencontre que sur la terre de la libre Amérique ou sur le sol des colonies anglaises.

En moins de rien des terres sont achetées, les magasins, les habitations, les cases des travailleurs sont construits, et deux mille Chinois engagés viennent prêter le concours de leurs bras pour cultiver plus de deux mille cinq cents hectares de terrain.

Faut-il le dire ? reconnaissant de l'accueil que lui faisait la France dans les États du protectorat, M. William Steward ouvrit *libéralement* sa maison à tous les officiers et fonctionnaires de Taïti..... Au bout de peu de temps M. de la Roncière fut obligé de faire des observations et d'exiger de M. Steward une hospitalité moins écossaise..... Le gentleman anglais qui laissait sans sourciller son champagne couler tout seul, ses chevaux rentrer fourbus, sa bourse s'égarer à droite et à gauche..... restreignit ses relations.... et se vit bientôt confondu et mêlé à toutes les haines qui s'agitaient autour de M. de la Roncière, qui n'avait fait que son devoir d'honnête homme, en faisant cesser cette exploitation..... Je me tais, le scandale me répugne, bien que ce soient les mêmes haines qui, en gardant prudemment l'anonyme, aient traîné dans la boue, en Amérique et en France, l'homme de cœur que je défends.

Je me tais... Si on veut savoir la vérité, qu'on fasse une en-

quête..... il y a un an que M. de la Roncière la demande.....
et un an qu'on ne l'accorde pas.

J'arrive au fameux procès de M. William Steward, directeur de la plantation d'Atimaouo, avec son frère James
Steward, procès dans lequel les ennemis acharnés de M. de la
Roncière et de la compagnie Soarès de Londres purent se
compter, se réunir, agir avec un tel ensemble, laisser de telles
traces de leur fraude, de leur collusion, que moi, je le dis la
main sur la conscience, je le dis comme jurisconsulte et magistrat, au lieu de briser Longomazino et Boyer, au lieu de
renvoyer leurs complices en France, j'eusse chargé la *cour
d'assises* d'élucider la question.

Je ne me dissimule pas la gravité de mes paroles, et cependant je n'hésite pas à les prononcer. Savez-vous que depuis plus
d'une année, ces mêmes hommes envoient à la presse américaine leurs calomnieuses délations, traitant M. de la Roncière
de forban, retournant sous toutes les faces les malheurs de sa
jeunesse, savez-vous qu'ils l'ont tué de réputation et d'honneur dans le monde entier, et que Mme de la Roncière en meurt
de douleur dans son hôtel à Paris, demandant une enquête
qu'elle ne peut obtenir ?

Il est des gens qui disent : M. de la Roncière est par terre
le scandale serait plus grand, si on essayait de le relever...

Eh bien ! non, M. de la Roncière ne restera point par terre ;
si la vérité et le bon droit ont encore quelque poids en
France.

Voici la relation du procès William Steward contre James
Steward.

M. William Steward, directeur gérant de la plantation d'Atimaouo, avait fait venir auprès de lui son frère James Steward,
et il lui avait facilité les moyens d'établir sur la plantation

même, un magasin où les travailleurs chinois pussent trouver les articles et denrées de leur pays. James Steward avait en même temps établi à Papeete, ville capitale de Taïti, un magasin d'articles pour les Européens, contrairement à l'avis de son frère qui lui disait que ce double commerce amènerait sa ruine.

Ce qui était prévu arriva. Bientôt James Steward se vit forcé de liquider son actif. Le directeur de la plantation d'Atimaouo refusant de lui continuer son appui, les deux frères se brouillèrent, et James Steward prit la résolution de quitter Taïti.

Il annonce qu'il va vendre ses magasins pour l'approvisionnement des Chinois, situés sur la plantation que dirige son frère. Un Anglais, le sieur Keane, se présente pour acheter. A James Steward qui abandonne le pays, il faut de l'argent de suite, et Keane, quoique jouissant d'une fortune personnelle en Angleterre, n'avait pas pour le moment de fonds disponibles en quantité suffisante.

Nous verrons bientôt pourquoi James Steward *ne voulait vendre qu'au comptant*.

Keane va trouver alors William Steward, directeur de la plantation, et il lui dit : — Je suis en pourparler pour acheter les marchandises et le fonds de votre frère, il exige un paiement immédiat ; vous connaissez ma famille et ma position, avancez-moi les 92,000 francs qui me sont nécessaires, vous aurez en garantie les marchandises que j'achète. — Je ne puis vous avancer cette somme en espèces, répondit William Steward, les fonds que j'ai en caisse sont à mes actionnaires, et je ne puis les engager dans ces sortes d'opérations.

Voici tout ce que personnellement je puis faire pour vous aider, et William Steward remet à Keane un billet ainsi conçu :

« A six mois de la présente date, je paierai chez mes ban-
» quiers, Owen et Graham d'Aukland, à M. Keane la somme
» de 92,000 francs. » Comme il ne vous faut pas six mois
pour faire venir des fonds d'Angleterre, vous serez en mesure de me rembourser à l'échéance; c'est donc un service
que je vous rends sans courir aucun risque, ma position personnelle ne me permet pas de faire plus pour vous.

Keane se rendit alors auprès de James Steward, et lui of-
frit un transport-cession de ce billet. Ce dernier accepta, et
l'acquéreur prit possession des magasins et marchandises.

Un mois se passe. James Steward s'occupe à liquider sa seconde maison de Papeete et fait ses préparatifs de départ.

Sur ces entrefaites, le directeur de la plantation écrit à
son frère pour lui réclamer la somme de 24,000 francs, pour
fret de marchandises apportées depuis plusieurs années à James
Steward par les navires de la plantation.

James Steward, tout en reconnaissant la légitimité de la demande, prétend qu'elle doit être réduite à la somme de
17,000 francs.

Sur ce chef un procès s'engage, entre les deux frères, devant le tribunal de commerce, présidé par Longomazino.

Voilà le moment de satisfaire les haines amassées, et le
juge impérial Longomazino, un des chefs du parti, l'acquéreur
frauduleux du terrain de la femme indigène Vahineheau, ne
faillira pas à sa tâche.

Écoutez ce monstrueux débat.

James Steward, assigné devant le tribunal de commerce en
paiement de 24000 fr. par son frère William Steward,
comme directeur de la plantation d'Atimaouo, et pour une
dette contractée envers la plantation,

Demande : que cette somme de 24000. fr. soit réduite

à 17000 fr. qu'il reconnaît devoir. Puis exhibant le billet de 92000 fr., souscrit par William Steward à Keane, il demande que ce billet, souscrit à six mois, soit rendu exigible de suite, et que les 17000 fr. qu'il reconnaît devoir se compensent avec pareille somme défalquée de ce billet de 92000 fr.

Devant un tribunal français, il eût fallu cinq minutes pour faire justice d'aussi scandaleuses prétentions. *Le juge impérial Longomazino les accueillit dans leur entier ! ! !*

C'est en vain que l'avocat de William Steward répondit :

1° Les 17000 fr. que vous, James Steward, reconnaissez devoir, sont exigibles de suite; le billet de 92000 fr. que Keane vous a cédé n'est exigible que dans six mois.

2° Ces 17000 fr. sont payables à Taïti; ces 92000 fr. seront payables dans six mois à Aukland, île de la Nouvelle-Zélande, chez les banquiers Owen et Graham.

3° La loi exige, pour que deux dettes se compensent, qu'elles soient exigibles à la même date et payables sur la même place. — Ces deux conditions vous font défaut, toute compensation est donc impossible.

4° Qui doit à terme ne doit rien, dit l'axiome légal, et nulle puissance au monde ne peut rendre exigible de suite un billet payable à six mois.

5° Ce billet n'est pas souscrit à vous, James Stevard, vous l'avez reçu de Keane. Vous ne pouvez pas changer la nature de l'obligation, du contrat intervenu entre William Steward et Keane. Si le délai de ce billet vous paraissait trop long, qui donc vous a forcé de l'accepter en paiement?

6° Autre monstruosité : vous devez 17000 fr. aux actionnaires de la plantation d'Atimaouo, pour marchandises apportées à vous par les navires de la plantation. Comment voulez-vous que cette dette due à une compagnie puisse se compenser avec la dette de William Stewart, s'engageant non comme directeur gérant, mais *personnellement* envers Keane pour lui rendre service?

À ce moment le juge impérial Longomazino intervient. — Est-ce que par ce billet de 92000 fr. William Steward n'a pas voulu cautionner Keane?

Cela ne changerait rien à la situation, répond l'avocat de William Steward.

1° William Steward serait-il caution des marchandises vendues à Keane par James Steward, cela ne changerait pas la nature des deux dettes : James Steward doit à la compagnie, William Steward s'est engagé personnellement envers Keane.

2° La caution ne peut rendre exigible de suite un billet payable à six mois.

Au fond, prétendre qu'il y a caution est chose impossible.

1° Aux termes de la loi, la caution ne se présume pas, elle doit être expresse, écrite, formelle.

2° S'il y a caution, pourquoi n'assignez-vous pas Keane, débiteur principal, pour le discuter d'abord ainsi que le veut le code Napoléon, avant d'exiger le paiement de la caution?

(Chose inouïe, Keane n'a jamais été assigné dans cette instance.)

3° La caution, si vous prétendez qu'il y a caution, étant un engagement purement civil, le tribunal de commerce serait incompétent pour en connaître.

Ces principes de droit sont tellement vulgaires, qu'à moins de fraude, de dol et de mauvaise foi un magistrat ne peut les méconnaître. Que dis-je? un magistrat! Je défie qu'on me trouve un homme, doué de raison, capable d'ordonner le paiement immédiat d'un billet à six mois d'échéance.

Longomazino rendit un jugement, condamnant William

Steward à payer de suite, entre les mains de son frère James
Steward, les 92,000 francs, montant du billet payable à six
mois de là, chez Owen et Graham d'Aukland. William Steward
était autorisé en faisant ce paiement à retenir les 17,000 fr.
que son frère reconnaissait devoir à la plantation d'Atimaouo.

Rien ne pourrait dépeindre la stupéfaction dans laquelle
me jeta la lecture des pièces de ce procès, et surtout de cet
inqualifiable jugement.

L'arrêt rendu en appel par Boyer devait être pis encore.

William Steward frappe d'appel ce jugement, et assigne
son frère James à trois semaines, devant le tribunal supérieur.

Que fait James Steward qui a gagné son procès sur toute la
ligne? Il fait appel à son tour, et en vertu d'une ordonnance
du président Boyer, lui permettant d'abréger les délais, il assigne le directeur de la plantation à trois jours pour la discus-
sion de l'appel.

Que signifie cette étrange comédie?

Les trois jours expirés, William Steward obéit à l'injonction
légale, et se présente avec son avocat.

Malgré tous leurs efforts, la parole est donnée à James
Steward pour soutenir son appel incident. Il demande la con-
firmation du jugement rendu par Longomazino dans tous ses
motifs et dispositif, et de plus il conclut à ce que son frère
William Steward soit condamné à lui payer la somme de
25,000 francs montant d'un billet à ordre qu'il avait reçu de
lui trois mois auparavant.....

Voilà donc l'explication de l'appel de James Steward..... il
s'agissait de produire en appel une nouvelle demande contre
son frère.....

Ému, indigné, William Steward se lève et donne les explications suivantes :

J'ai souscrit, il y a trois mois, un billet à ordre à mon
frère, en paiement de 25,000 francs de marchandises..... Je
voulais lui venir en aide dans sa position gênée car je ne lui
devais rien. Quoi qu'il en soit, j'accepte la responsabilité de
l'acte de bienfaisance que j'ai commis. Ce billet m'engage
comme si je devais réellement. Voici comment était conçu ce
billet. « —A trois mois de la date présente je paierai à l'ordre
de M. James Steward la somme de 25,000 fr. chez mes banquiers Owen et Graham d'Aukland, valeur en marchandises. »
— Nous n'avons pas de banquier à Taïti, je suis donc obligé
de faire toutes mes affaires sur Aukland, qui est la place la
plus rapprochée de notre île. Je défère le serment à mon
frère James Steward, sur le point de savoir, s'il n'a pas
expédié ce billet à Aukland pour être payé chez Owen et
Graham

James Steward est obligé d'avouer, ne pouvant représenter le billet, qu'il l'a envoyé à Aukland pour être payé chez
Owen et Graham. Mais il ajoute que rien ne le garantit contre
les risques de mer, qu'il ne sait pas si ce billet est arrivé à
destination, qu'enfin voulant quitter Taïti, il a besoin de cet
argent de suite. On croit rêver en lisant de pareilles choses.
Malgré son avocat qui veut rester sur le terrain du droit pour
faire repousser cette demande insensée, de faire payer un billet qu'on avoue avoir envoyé chez les banquiers qui doivent le
solder, M. William Steward s'exprime ainsi : Je demande au
tribunal supérieur, de vouloir bien renvoyer la cause à trois
semaines.

Le billet dont on me demande le paiement est échu et payé
sans aucun doute à cette heure par MM. Owen et Graham
d'Aukland. Dans trois semaines, le navire *Eugénie,* qui fait le
service de la Nouvelle-Zélande à Taïti, arrivera dans notre

port, apportant les comptes des banquiers Owen et Graham, et par conséquent la preuve de ma libération.

Le croirait-on? ce délai fut refusé!... La cause fut simplement renvoyée à l'audience suivante.

M. de la Roncière fit prier Boyer d'accorder ce délai puisqu'il n'y avait pas péril en la demeure. Cette démarche échoua, ou plutôt elle eut un résultat..... Elle donna le prétexte à une dénonciation calomnieuse contre le commissaire impérial, l'accusant de vouloir presser sur la justice.

A l'audience suivante, Boyer rendit un arrêt confirmant dans tous ses motifs le jugement de Longomazino, et de plus condamnant William Steward à payer les 25,000 francs, de la nouvelle demande, que le directeur de la plantation prétendait à bon droit, comme on va le voir bientôt, déjà payés à Aukland.

Non content de cela, l'arrêt était rendu exécutoire sur minute, et quarante-huit heures après, au nom de James Steward, un huissier saisissait tous les meubles, instruments de la plantation, et même, contrairement au code Napoléon, les provisions servant à l'alimentation des travailleurs chinois.

Ainsi, William Steward était condamné à payer, dans les vingt-quatre heures, sous peine de voir vendre tout son matériel et l'exploitation arrêtée, sous peine de voir révolter ses Chinois dont on avait saisi la nourriture : 1° La somme de 92,000 francs, moins les 17,000 que son frère reconnaissait devoir ; 2° la somme de 25,000 francs montant du billet envoyé à Aukland par James Steward lui-même et qui, d'après la date de son échéance, devait être déjà payée.

100,000 francs à payer dans les vingt-quatre heures! 100,000 francs dont on ne devait pas le premier centime!...

Comment faire pour payer ?...

Quand on est un bon administrateur on ne garde pas
100,000 francs improductifs chez soi. Il n'y a pas de banquier
à Taïti. Owen et Graham d'Aukland sont à la Nouvelle-Zélande, c'est-à-dire à vingt jours de mer de Taïti.....

Aux applaudissements unanimes de tous ses ennemis, cette
plantation d'Atimaouo qui vaut plusieurs millions va faire
faillite.....

M. de la Roncière intervient et la sauve. Il autorise la Caisse
agricole, fondée pour acheter le coton des petits planteurs, à
acheter pour 100,000 francs de coton à la plantation d'Atimaouo, et William Steward peut éviter à ses associés de Londres une ruineuse déconfiture.

Que fait alors James Steward? ses 100,000 francs en poche,
il se sauve nuitamment sur une goëlette à San-Francisco,
abandonnant son second magasin de Papeete, dans lequel on
ne trouve ni livres de commerce, ni marchandises, et laissant
sur la place plus de 60,000 francs de dettes commerciales.....
La loi n'a qu'un mot pour définir cette situation : *c'est faillite
frauduleuse*; qu'un tribunal pour juger cela, *la cour d'assises*.

Ainsi, grâce à la connivence de Longomazino et de Boyer
(je ne parle pas des assesseurs qui ne furent que des com-
parses), James Steward pouvait soustraire à son frère
100,000 francs que ce dernier ne lui devait pas, et se sauver
de Taïti sans payer ses créanciers.

Quinze jours après son départ, le navire *Eugénie*, arrivant
d'Aukland, apportait les comptes d'Owen et Graham avec
William Steward, et dans ces comptes, se trouvait le fameux
billet de 25,000 francs à l'ordre de James Steward que ces
banquiers avaient exactement payé à son échéance.

Ainsi, tous les principes les plus simples du droit foulés

aux pieds, un billet de 92,000 francs à échéance de six mois
rendu exigible de suite par un tribunal de commerce, bien
que cet engagement fût purement civil, un autre billet de
25,000 francs déjà payé à Aukland, que le souscripteur est
obligé de payer une seconde fois, sans qu'il puisse obtenir un
délai de trois semaines pour prouver sa libération. Que dis-je?
un délai ! — Est-ce que la libération de William Steward n'é-
tait pas prouvée par l'impossibilité où était son frère de lui
représenter le billet qu'il avoue avoir envoyé à Aukland à la
présentation chez Owen et Graham ?

Comme résultat, 100,000 fr. qui n'étaient pas dus, extorqués,
et James Steward qui s'enfuit frauduleusement, laissant
60,000 francs de dettes sur la place !

Ce n'est pas là une erreur d'honnêtes gens qui se trompent,
c'est une collusion, un concert dolosif au premier chef, inex-
plicable autrement que par l'action de haines inavouables
qui se vengent.....

Voilà pourquoi Longomazino d'abord, Boyer ensuite, furent
destitués de leurs fonctions par M. de la Roncière, aux unanimes applaudissements de l'opinion publique (celle des honnêtes gens), scandalisée par ces odieuses condamnations et la
fuite du failli frauduleux, James Steward.

Un mot encore sur le rôle de Boyer dans toutes ces affaires.

A peine son arrêt rendu, c'est lui qui se charge de l'exécution ; il fait venir l'huissier chez lui, lui donne ses ordres, et
profitant de l'absence de M. de la Roncière qui avait été aux
îles Sous-le-Vent pour passer un traité avec le roi de l'île
d'Huahine, il met la troupe sous les armes, convoque la gendarmerie, fait en un mot une mise en scène des plus théâtrales,
sous l'absurde prétexte que M. William Steward, directeur

de l'exploitation, pourrait bien s'opposer à l'exécution de l'arrêt à la tête de ses Chinois.....

Personne n'avait l'intention de bouger, la saisie s'opéra sans conteste et cependant, disons-le, Boyer avait habilement préparé une révolte possible... N'avait-il pas, contrairement au Code Napoléon, ordonné la saisie des provisions qui servaient à l'alimentation des Chinois?.. Dans quel but, dans quel motif, fouler la loi sous les pieds?.. Dira-t-on qu'il ignorait les prescriptions de la loi? Voilà sa condamnation — M. William Stewart est venu en référé devant lui pour faire annuler la saisie des provisions de bouche de ses travailleurs, *on lui a mis la loi sous les yeux*, et Boyer a refusé de lever la saisie qui frappait sur les aliments. Tout cela est écrit, tout cela est constaté par des pièces. Une enquête, une enquête à Taïti, voilà ce que M. de la Roncière demande à cor et à cris depuis un an. Voilà ce que je demande à mon tour, en son nom.

Écoutez encore :

Le jour de la saisie sur la plantation, l'avocat de William Steward veut se rendre chez son client pour faire par les voies légales opposition régulière à cette saisie.

Boyer apprend cela, *il le fait arrêter et écrouer à la prison!*

J'ai dit que M. de la Roncière était absent en ce moment; à son retour, il envoya Boyer à Moréa, petite île distante de trois lieues de Taïti, en attendant la décision du ministère.

Boyer en même temps prenait sa plume et envoyait au ministère une dénonciation contre M. de la Roncière, l'accusant d'avoir quitté Taïti, au moment où on avait à craindre une révolte des Chinois de la plantation.

Il n'y avait jamais eu de révolte à craindre et le coup de théâtre de Boyer, qui avait tout fait pour que cette révolte eût lieu, était tombé sous le ridicule à Taïti, où il était facile de juger sainement des hommes et des choses.

A Paris cette dénonciation produisit son effet...

Ce qu'il y a de grave dans toutes ces luttes, c'est que M. de la Roncière ne connaissait point les dénonciations dont il était l'objet... et par conséquent n'y pouvait répondre.

Il est une loi de la hiérarchie administrative française qui veut que nul, quelle que soit sa position, ne puisse correspondre directement avec le ministère... Tout doit passer sous le couvert du gouverneur, afin que si une plainte est portée contre lui, il puisse envoyer ses explications par le même courrier.

Je ne suis pas partisan de cette loi restrictive, mais enfin ceux qui l'ont faite doivent être les premiers à l'observer.

Pourquoi a-t-on accueilli les dénonciations Boyer formulées sous le manteau, en dehors de toutes les règles hiérarchiques et administratives! alors que de pareils actes, dans n'importe quelle colonie, entraîneraient le rappel, peut-être même la destitution de leur auteur!

On dirait en vérité que tout était bon du moment où il s'agissait de frapper M. de la Roncière.

La décision ministérielle, si impatiemment attendue, arrive... Elle frappe de stupeur tous ceux qui ont été témoins des actes que je viens de signaler... M. de la Roncière est brusquement rappelé, et Boyer, maintenu à Taïti, doit reprendre ses fonctions, sous M. de Marigny, successeur du gouverneur tombé.

Le même courrier apportait la nouvelle magistrature nommée par l'Empereur, dont je faisais partie, comme juge impérial présidant le tribunal de première instance.

J'ai déjà raconté mes impressions premières.

Boyer, que M. de la Roncière vient sur sa demande d'autoriser à rentrer à Taïti, ne se sent pas de joie en apprenant qu'il est maintenu à son poste. Il comprenait trop la valeur des actes qu'il avait commis pour avoir compté d'avance sur un aussi facile succès.

Enhardi par ce premier résultat, ce qu'il lui faut maintenant, c'est la vengeance. Comme ordonnateur, il est le second du pays, il va bientôt reprendre ses fonctions... c'est plus qu'il n'en faut pour effrayer de pauvres diables, qui tremblent pour leur gagne-pain. Aussi, aidé du sieur Bonnet, médecin de la reine des îles de la Société, il soudoie le sieur Barff, secrétaire interprète particulier de M. de la Roncière, et du directeur des affaires indigènes, afin de se faire remettre par eux copie de toutes les dépêches et papiers secrets du gouverneur et du directeur des affaires indigènes. Ainsi il peut se faire remettre un projet de protestation de la reine non contre la magistrature qu'on vient d'envoyer, mais contre le décret qui la nomme sans sa participation, décret qui, suivant elle du moins, blesserait ses droits de souveraineté réservés par l'acte du protectorat.

Ce projet est écrit en entier de la main du directeur des affaires indigènes, une ligne est corrigée par M. de la Roncière, dit-on : quelle belle occasion de recommencer ses dénonciations secrètes !... il va prouver, à l'aide de cette pièce, que la reine a eu la main forcée, que cette protestation n'est autre chose qu'une œuvre de M. de la Roncière et du directeur des affaires indigènes.

Pour donner plus de force à cette pièce il fait rédiger une déclaration par le sieur Barff, dans laquelle cet interprète prétend que, pour obtenir cette protestation, M. de la Roncière et le directeur des affaires indigènes ont menacé la reine, et que c'est lui qui a traduit ces menaces.

Au comble de la joie, Boyer ne se cache presque plus. Je

les tiens, dit-il à tous ses amis, je vais faire mettre en disponi-
bilité le directeur des affaires indigènes ; quant à de la Roncière, c'est une seconde condamnation qui lui pend à l'oreille.

Un autre interprète, le sieur Orsmond, vient d'être frappé
d'une peine disciplinaire ; c'est le moment de l'attirer dans le
camp ennemi. Boyer lui promet d'arranger son affaire, fait
miroiter devant ses yeux une augmentation de solde. Et Orsmond se met lui aussi à faire fabriquer de fausses dénonciations par des chefs indigènes dans l'intérêt de la haine de
Boyer.

Tout cela est écœurant !

La minute d'un disours que M. de la Roncière n'avait pas
encore prononcé est enlevée par Barff dans le milieu de la nuit ;
il prend peur, il court la redemander à ses complices, mais on
a eu le temps de la copier, et le lendemain, les projets élaborés
dans ce discours étaient répandus dans le public, bafoués,
ridiculisés par la malveillance, et odieusement dénaturés.

On attendait toujours M. de Marigny qui n'arrivait pas....
Tout à coup on apprend que le nouveau commissaire impérial,
au lieu de se diriger sur Taïti, rentrait de Valparaiso, malade,
en France. M. de la Roncière est encore à Taïti pour cinq ou
six mois ; il va peut-être avoir le temps d'envoyer sa défense,
le ministère peut changer... ou changer d'avis. Boyer, ne pouvant plus se tenir, imagine alors un complot ayant pour but
de faire renvoyer M. de la Roncière en France, comme étant
un danger pour la colonie... Le projet est facile : beaucoup de
gens, qui n'ont plus rien à obtenir du gouverneur tombé, se
sont éloignés de lui... il suffit d'obtenir d'adhésion des membres
du Conseil d'administration. Le procureur impérial, homme
faible, compatriote et ami de Boyer, se laisse gagner... Fournier l'Étang, ordonnateur par intérim remplaçant Boyer

suspendu, reçoit les communications de son chef... et en présence du même M. Fournier l'Étang, *Boyer me fait à moi-même des ouvertures pour obtenir mon concours...*

Cependant ces projets transpiraient. Un officier sondé sans doute déclarait, presque publiquement, qu'avec quatre matelots il se faisait fort d'arrêter M. de la Roncière s'il en recevait l'ordre. Un autre officier déclarait au lieutenant commandant la gendarmerie, que M. de la Roncière en tournée dans l'île venait d'être enlevé par un coup de main. Tous les indigènes ne parlaient que du prochain enlèvement du gouverneur. M. de la Roncière apprend tous ces faits à Papeuriri où il se trouvait, il rentre inopinément, il fait arrêter le sieur Boyer, et le procureur impérial Holozet. Ne voulant pas les faire juger pour ce projet de complot, et pour le trouble occasionné par eux à Taïti, il fait faire une enquête non pas judiciaire, comme on l'a prétendu, mais purement administrative, destinée à être envoyée au Ministre avec les délinquants. En droit, c'était dans ses attributions de gouverneur.

En fait, c'était justice.

Au cours de l'enquête les soustractions de pièces accomplies par Boyer, avec l'aide du médecin Bonnet et des interprètes Barff et Orsmond, se dévoilèrent. Et Boyer, Bonnet et Barff furent pour ces faits traduits en police correctionnelle, et condamnés, par le tribunal présidé par M. le lieutenant-juge, Roques, Boyer, à deux années d'emprisonnement, 200 francs d'amende, et cinq ans d'interdiction de service administratif ;

Bonnet, le médecin, à six mois de prison ;

Barff, à six mois de la même peine.

Le lendemain, le sieur Bonnet, reconnaissant la justice du

jugement qui l'avait frappé par acte déposé au greffe, déclarait renoncer à l'appel.

Ce coup fut rude pour Boyer, on le conçoit. Bonnet n'avait été que l'agent, que l'instrument des haines de cet homme.

Séance tenante, Boyer et Barff firent appel.

Barff vint réclamer l'indulgence du tribunal supérieur, expliquant qu'il n'avait cédé aux demandes de Boyer, que pour sauver son gagne-pain.

Boyer, comme en première instance, du reste, fut scandaleusement insultant pour la magistrature et le commissaire impérial. A un moment donné, le procureur impérial, outragé par lui, fut obligé de le menacer d'user à son égard des rigueurs de la loi.

Une phrase de la plaidoirie de Boyer, qui se défendit lui-même, prouve combien cet homme se croyait soutenu. — Oui, s'est-il écrié, je les possède, ces pièces scandaleuses et tramées dans l'ombre, et je les porterai moi-même à Son Excellence le Ministre de la marine.

Le tribunal supérieur présidé par M. Guillasse, ancien juge impérial, réduisit la peine de Boyer à un an de prison, cent francs d'amende et maintint l'interdiction de services administratifs.

La peine du sieur Barff fut réduite à trois mois.

Pour éviter à Boyer la douleur de subir sa peine dans une ville où il avait été ordonnateur, M. de la Roncière ordonna qu'il serait envoyé en France, et il fut embarqué sur le navire le *Chevert*, commandé par M. Garderin, accompagné d'un gendarme qui devait le remettre entre les mains du procureur impérial de la première ville de France où l'on toucherait.

Chose extraordinaire, et qui prouve jusqu'à quel point

l'esprit d'insubordination s'était développé à Taïti..... le sieur
Garderin qui commandait le *Chevert*, à une lieue de Taïti, sous
le prétexte spécieux que ses papiers n'étaient pas en règle,
déposa le gendarme dans une barque....., et continua sa route.

Je m'abstiens de qualifier une pareille conduite... Jusqu'à
présent j'avais cru que les militaires devaient obéissance à
leurs chefs.. *il paraît qu'il est dans la marine des accommodements;*
de pareils faits conduisent ordinairement au conseil de guerre;
ce refus d'obéissance attirerait des louanges au sieur Garderin,
que je n'en serais pas étonné.

MM. Boyer et Holozet sont donc expédiés en France.
Que va-t-il arriver? Une enquête administrative a été faite,
un jugement et un arrêt ont été rendus.....

Le gouverneur a usé des pouvoirs qu'on lui a donnés!

La justice, toutes portes grandes ouvertes, a solennellement
prononcé.

Cela valait peut-être la peine d'être examiné.

Eh bien! non, on n'examinera pas!

MM. Boyer et Holozet trouvent le moyen par San-Francisco
d'envoyer une dépêche télégraphique au Ministre de la marine,
*et, sans avoir reçu aucunes pièces, sans connaître rien de ce qui
s'est passé,* le Ministre répond par une dépêche télégraphique
envoyée au consul général de France à San-Francisco :—
*Retenez à leur passage MM. Boyer et Holozet, et renvoyez-les à
Taïti.* Ainsi, les actes de la justice sont blâmés avant même
qu'on les connaisse. Le gouverneur est de nouveau condamné sans qu'on connaisse le premier mot de l'affaire.....

Voyez-vous bien ce condamné, se plaignant par dépêche
télégraphique....., et recevant gain de cause, contre l'autorité,
contre la justice, par dépêche télégraphique également, et
sans qu'on sache ce qui est arrivé!.....

Quelle preuve plus convaincante du parti pris... de l'acharnement avec lequel on poursuivait la chute de M. de la Roncière?

Un homme est condamné en première instance et en appel... il lui suffit d'une dépêche télégraphique pour revenir à Taïti reprendre ses fonctions et bafouer ses juges.

Eh bien! pour être conséquent maintenant, il faut mettre en jugement les magistrats qui l'ont condamné!

Ah! vous pouvez vous vanter d'avoir fait de belles choses à Taïti! Vous y avez ruiné à jamais le principe d'autorité... Vous avez montré à chacun, aux colons étrangers comme aux français, comme aux indigènes, comment, avec un peu d'habileté, on peut ruiner le gouverneur le mieux intentionné, celui qui a fait le plus de bien au pays. Vous avez donné une prime à la délation cachée, avec refus d'obéissance..... Vous avez affaibli le prestige de la France en Océanie.....

Soyez sans crainte, les luttes ne sont pas finies..... Il y a aujourd'hui à Taïti un parti tombé, celui qui désirait sincèrement le bien du pays, le progrès par le développement de l'activité individuelle, et de la liberté..... Et tous ceux qui n'ont aucun intérêt dans le pays, tous les esprits brouillons qui, en quête d'une position, s'étaient faits les soutiens de l'ordonnateur, sont aujourd'hui au pouvoir... Attendez la fin.

Vous avez remplacé M. de la Roncière par M. de Jouslard, une capacité par une nullité, et M. de Jouslard s'est dit : M. de la Roncière est tombé, donc tous ses amis doivent tomber avec lui....

Et, chose incroyable, moins de quatre jours après son arrivée, — M. de Jouslard, entouré par la faction Boyer, brisait, de son autorité privée, le Conseil général institué par M. de la Roncière et la reine.

En vain la reine de Taïti lui dit : Vous n'êtes ici que commissaire impérial près de moi, vous n'avez le droit de rien
faire sans ma signature et ma volonté ; ces droits me sont
formellement réservés par l'acte du protectorat.

Eh bien! signez, répond le gouverneur. — Je ne signerai
jamais, répond la reine, je veux le maintien de ce Conseil
général qui est encore plus mon œuvre que celle de M. de la
Roncière. — Oh! vous ne voulez pas signer, répond M. de
Jouslard, eh bien! nous nous passerons de votre signature.
Et il s'en est passé.

Ce fait est monstreux.

C'est la première fois depuis plus de trente ans, que la
reine de Taïti a demandé à être protégée par la France ; c'est
la première fois, dis-je, qu'on s'est moqué de la signature de
la reine, qu'on s'est passé de son autorisation.

On ne respecte plus même l'apparence de la légalité.....
Ce n'est pas tout.

La reine a un fonctionnaire spécial attaché à sa personne,
qui est le directeur des affaires indigènes..... C'est elle qui
le choisit avec l'agrément du commissaire impérial quand
c'est un officier.

Le sieur Parayon, lieutenant de vaisseau, voulait cette place ;
depuis plus de quatre ans il dirigeait ses batteries de ce côté;
il se présente avec son titre auprès de M. de Jouslard. — Son
titre, quel est-il? le voici : le sieur Parayon doit tout à M. de
la Roncière, son commandement du vaisseau l'*Euryale, sa dé-
coration*..... Familier constamment protégé de l'hôtel du gouvernement, le jour où on apprend le rappel de M. de la
Roncière, il se range dans le camp de Boyer, n'ayant plus
rien à obtenir de son vieux protecteur.....

Et pourquoi cette manœuvre, pourquoi cette ingratitude ?.....

4

Il s'est fait son nid à Taïti, son nid dans lequel il n'est point solitaire ; à tout prix il ne veut point quitter l'île..... et cependant il va être forcé de rentrer. C'est le moment d'abandonner son vieil ami de cinq ans, pour se retourner du côté de ceux qui triomphent. C'est le dernier coup de pied.....

Voilà son titre à la place de directeur des affaires indigènes. De Jouslard brise le titulaire, le renvoie en France, et impose le lieutenant Parayon à la reine qui refuse énergiquement de le nommer. Nous nous passerons de votre nomination, répond le gouverneur, et Parayon est installé *comme directeur des affaires de la reine, malgré la reine.*

On n'a pas même eu la pudeur d'attendre le départ de M. de la Roncière, pour briser toute son administration sous ses yeux et imposer à la reine des hommes dont elle ne voulait pas et pour cause.....

ACTE DU PROTECTORAT ACCEPTÉ PAR LA FRANCE.

Art. 1er. — *La souveraineté de la reine et son autorité* et l'autorité des chefs sur leurs peuples sont garanties.

Art. 2. — Tous les règlements et lois seront faits au nom de la reine Pomaré, et signés par elle.....

Où le capitaine de vaisseau de Jouslard a-t-il pris le droit de fouler aux pieds l'autorité de la reine, de se passer de sa signature ?....

Et on a brisé M. de la Roncière pour abus de pouvoir..... sans l'avoir entendu ! Étrange !

Voilà ce qu'on obtient d'hommes que l'on improvise gouverneurs, et qui ont appris à administrer les colonies, en répétant pendant trente ans de leur vie sur un navire : Lieutenant un tel..... vous me ferez huit jours d'arrêts forcés.

Le Ministre a blâmé M. de la Roncière, donc il faut saccager tout ce qu'a fait M. de la Roncière, sans même s'occuper de ce que cela peut valoir..... C'est logique..... militairement parlant !

Disons que M. de la Roncière a eu à Taïti même une belle satisfaction. Pendant que M. de Jouslard laissait les créatures de la faction Longomazıno et Boyer remanier toute l'administration, et se partager les places..... le prince Alfred d'Angleterre se trouvait sur rade visitant Taïti. Étonné des abus de pouvoir qui se commettaient sous ses yeux, il protesta contre ces façons d'agir, en invitant constamment à sa table M. de la Roncière, le gouverneur sacrifié, en se faisant accompagner par lui dans toutes ses excursions, se bornant à avoir avec M. de Jouslard les seules relations officielles qu'il ne pouvait éviter.

La corvette américaine *Kerseage* se trouvait également dans le port ; tous ses officiers ont protesté par une complète abstention contre les choses étranges qui se passaient sous leurs yeux.

En résumé, M. de la Roncière, qui a été brisé sans qu'on ait daigné écouter sa défense, tombe victime de haines administratives et cléricales, et de haines plus élevées peut-être qu'on n'avoue pas.....

Pendant cinq ans ce gouverneur a fait la prospérité de Taïti, y a développé l'esprit de progrès et de liberté, s'est constamment dirigé par les avis des colons, et l'opinion du publique qu'il a constamment respectée. Pendant cinq ans, je le répète, il a fait bénir sur ces lointains rivages le nom de l'Empereur et son gouvernement.

Comme récompense, il succombe sous des dénonciations occultes, que je mets au défi le Ministère d'oser publier, il

succombe sous une impure coalition, dont l'enquête qu'il nous
faut, que nous réclamerons par toutes les voies, dévoilera les
sources, les moyens, le but....,. Et cette enquête, sous peine
d'être dérisoire, doit être faite à Taïti même, toutes parties
en cause présentes, par un juge d'instruction de la magistrature métropolitaine sans attaches, administrative ou militaire.

Je l'ai dit dès le début, depuis plus d'un an le fonctionnarisme de Taïti, inonde l'Amérique de ces factums, traînant dans la
boue M. de la Roncière côte à côte avec l'Empereur ; nous dé-
voilerons dans l'enquête les noms de ces fonctionnaires. Nous
prouverons que tous ces articles émanent de Boyer, Longomazino et leurs amis.

Un exemple entre tous de ces odieuses accusations dont on
a inondé l'Amérique :

Advertiser d'Honolulu, 20 août 1868.

« Le gouverneur de Taïti, comte de la Roncière, paraît être
» un de ces aventuriers dont la vie et les projets se lient
» étroitement aux intérêts de Louis–Napoléon, il dépasse
» Bazaine..... La dernière action de ce gouverneur modèle
» a été d'arrêter le roi de Huahine, une île située près de
» Taïti, lequel roi était venu visiter la reine Pomaré, et de
» lui faire signer un traité favorable à la France..... »

Quinze jours après, un navire arrivait de Taïti avec des
nouvelles sérieuses, et *le Courrier* d'Honolulu rectifiait l'article de l'*Advertiser*.

« Encore un canard envolé. L'arrestation du roi de Huha-
» hine est de pure invention. Cette majesté n'est pas même
» venue à Taïti, c'est le commissaire impérial qui l'est allé

» trouver chez elle, pour conclure des traités réciproques
» d'extradition. »

C'est à l'époque de ce voyage que Boyer profita de cette
absence pour dénoncer M. de la Roncière, comme s'étant enfui
de l'île alors qu'on craignait une révolte des Chinois.

De qui est émanée la note calomnieuse de l'*Advertiser ?* Du
sieur Longomazino, *l'ami le plus intime de Boyer et consorts*...

L'enquête aura à étudier plusieurs centaines d'articles dans
ce genre, qui, à côté de l'Empereur et de M. de la Roncière
traînés dans la boue, élèvent sur un piédestal antique Boyer,
Longomazino et leurs vertus.

Ah ! je comprends que l'on m'ait menacé de destitution si
je persistais à vouloir porter ces plaintes aux pieds de Sa Majesté l'Empereur, comme envoyé de M. de la Roncière et de
la reine de Taïti...

Il faut que justice se fasse, soit contre nous, soit en notre
faveur.

Deux mots et j'aurai terminé :

Un officier du d'*Entrecasteaux* a adressé aux journaux
d'Amérique le récit odieusement dénaturé de la condamnation à
mort de quatre Chinois d'Atimaouo et de l'exécution de l'un
d'eux.

Il y est affirmé : 1° Que le directeur de la plantation d'Atimaouo, ayant exigé quatre têtes de M. de la Roncière et du
tribunal criminel, ces quatre têtes ont été accordées.

2° Que M. de la Roncière, le soir même de la condamnation,
plaisantait agréablement sur les quatre têtes qui allaient
tomber.

3° Que devant une cour d'assises qui se fût respectée, il n'y
eût eu qu'un Chinois de condamné.

4° Que grâce au Conseil d'administration qui n'avait pas les mêmes raisons que M. de la Roncière d'être agréable à la plantation, une seule tête au lieu de quatre est tombée.

5° Que c'est à M. de la Roncière qu'on doit l'établissement de la guillotine à Taïti.

Ces accusations misérables et lâches, contre l'honneur de M. de la Roncière et des magistrats du tribunal criminel, ne soutiennent pas l'examen, et je m'étonne que cette presse française, si généreuse d'habitude, les ait enregistrées sans songer que les gens attaqués ainsi étaient à six mille lieues de là et ne pouvaient se défendre.

Je ne répondrai pas au scandale par le scandale en dévoilant les motifs de haine de l'auteur de cet article. Je me bornerai à répondre :

Les Chinois ont été régulièrement condamnés après instruction, enquête publique à l'audience composée de sept magistrats et jurés assesseurs, et M. de la Roncière ne s'est pas plus occupé de cette affaire que le préfet d'un département ne s'occupe des assassins traduits en cour d'assises.

— Les Chinois ont été condamnés pour meurtre prémédité, pendant quatre mois, sur plusieurs de leurs compatriotes, qu'ils ont odieusement mutilés et martyrisés. — M. de la Roncière a si peu plaisanté sur ces têtes qui allaient tomber, que lorsque, comme président du tribunal criminel, j'ai été lui annoncer cette condamnation, comme c'était mon devoir, une émotion extraordinaire s'est emparée de lui, et il prononça ces paroles que j'affirme sur l'honneur m'avoir été adressées : Oh ! j'eusse bien désiré, monsieur, qu'une peine capitale n'eût pas été jugée nécessaire par le tribunal criminel sur la fin de mon administration.

C'est toujours avec de pareilles armes que M. de la Roncière a été attaqué.

La magistrature ne se fait pas l'humble servante des haines d'un parti... On jette la magistrature dans la boue. Ai-je tout dit ?... Non. D'abord parce que je ne puis tout dévoiler... à l'enquête ce soin, ensuite parce qu'un volume n'y suffirait pas.

Donc au nom de la justice, une enquête à Taïti.

Si j'ai dit vrai ! je n'ai pas à tracer la décision à intervenir.

Si j'ai dit faux.... qu'on fasse de moi ainsi qu'on a fait de M. de la Roncière, qu'on me destitue !...

LOUIS JACOLLIOT,

Juge impérial à Taïti.

Paris, 9 octobre 1869. Dernières nouvelles.

P. S. — Je reçois à l'instant un volumineux courrier de Taïti. La reine de Taïti m'envoie une protestation énergique destinée à l'Empereur, contre les abus d'autorité de M. de Jouslard. Elle ira à son adresse.

Tous les négociants de Taïti, excepté quatre du parti Boyer-Jouslard, ont protesté également contre le sans-gêne du nouveau commissaire impérial.

Ils ont organisé un banquet où assistait tout ce que Taïti compte de recommandable parmi les magistrats, officiers, fonctionnaires et habitants. M. de Jouslard, le nouveau gouverneur, n'a pas été invité ; M. de la Roncière et la reine présidaient. Le président du tribunal de commerce et les juges, le président du Conseil général et tous les conseillers, ont acclamé M. de la Roncière, en le remerciant des progrès immenses accomplis sur leur sol par son administration. Enfin, M. le lieutenant de vaisseau Girardin, méprisant les haines du parti vainqueur, s'est levé et a porté le toast suivant :

« Je propose de porter un toast à M. le comte de la Roncière.

» Ce toast, je le porte au nom de nos camarades de la marine
» réunis ici. Je me permettrai de le porter également, comme
» procureur impérial intérimaire, au nom de la magistrature.
» Nous vous remercions, Monsieur le commissaire impérial, de
» la bienveillance et des bontés que vous avez eues pour nous.
» J'espère que la *sincérité* et le *désintéressement* de notre atta-
» chement à votre personne vous feront oublier les *ingrats* et
» les *méchants*. Quant à nous, commandant, quel que soit le
» sort que l'avenir nous réserve à tous, le souvenir du temps
» passé sous votre administration si libérale, si éclairée, res-
» tera dans nos cœurs, comme la page la plus belle de notre
» carrière militaire. » Bravo, Messieurs! Bravo, Monsieur Girardin! c'est quand un gouverneur est tombé, quand on n'a
plus de faveurs à espérer de lui, qu'il est beau d'avoir le
courage de son opinion, le courage de la justice!

Cent cinquante ont protesté ainsi!!!

FIN

Imprimerie L. TOINON et Cᵉ, à Saint-Germain.

www.ingramcontent.com/pod-product-compliance
Lightning Source LLC
LaVergne TN
LVHW022139080426
835511LV00007B/1173